Imagen de Dios

Diálogo sobre la dignidad del hombre

Antonio Barnés

BARNÉS VÁZQUEZ, Antonio: *Imagen de Dios. Diálogo sobre la dignidad del hombre*, Ideas y Libros Ediciones, Madrid, 2025, 114 pp. 105X148 mm.
Papel EAN: 9788417892876 ISBN: 978-84-17892-87-6
Digit. EAN: 9788417892883 ISBN: 978-84-17892-88-3
DL: M-23007-2025 M- Diseño cubierta, Grafismo Y

Una vez superados los gastos de producción, los derechos de autor correspondientes a este libro serán donados a Cáritas

Ideas y Libros <ideasylibros.ed@gmail.com>
https://ideasylibrosediciones.blogspot.com/

VENTA EN **PAPEL:**
Librerías en España, CEGAL, Amazon, etc. Además:
grupoediciones19.bajodemanda.com
Península Ibérica, Canarias y Baleares https://www.agapea.com/
Argentina *CUSPIDE http://www.cuspide.com/ *MANDRAKE mandrakelibros.com.ar *OZONUM Mercado Libre https://listado.mercadolibre.com.ar/
Brasil *O ATENEUM www.oateneum.com.br

Colombia *LEMOINE EDITORES www.librosyeditores.com *BIBLIOSTORE Mercado Libre https://listado.mercadolibre.com.co/ *LIBRERIA DE LA U www.libreriadelau.com

Chile *BIBLIOSTORE CHILE - Mercado Libre https://www.mercadolibre.cl/ *Voy a Leer www.voyaleer.cl / *WePrint

Ecuador *POWER STORE BOOKS www.powerstorebooks.com *THE BOOKS LINK www.thebookslink.com

Estados Unidos: *Ingram-US

Guatemala *SOPHOS

Méjico *BIBLIOSTORE México - Mercado Libre https://www.mercadolibre.com.mx/ *Librerías GANDHI www.gandhi.com.mx/ *Librerías GONWIL www.gonvill.com.mx

Perú *ALEPH IBD (Mercado Libre) https://listado.mercadolibre.com.pe/ *Librería SBS https://www.sbs.com.pe

Uruguay *MERCADOLIBROS (Mercado Libre) https://mercadolibros.uy/ *PALACIO DEL LIBRO S.A. www.libreriapocho.com.uy

DIGITAL: https://www.casadellibro.com/

¿Desde dónde se pueden comprar los eBooks?

España, Portugal, Austria, Alemania, Argentina, Bélgica, Chile, Chipre, Colombia, Eslovaquia, Eslovenia, Estonia, Finlandia, Francia (Guayana Francesa, Guadalupe, Martinica, Reunión, San Pedro, Miquelón, Wallis y Futuna.), Grecia, Irlanda, Italia, Luxemburgo, México, Mónaco, Países Bajos, Polinesia Francesa, Reino Unido, Suiza.

ADEMÁS https://vivlio.casadellibro.com/

Argentina, Chile, Colombia, España, Francia, México y Reino Unido

Imagen de Dios

Diálogo sobre la dignidad del hombre

En nuestro tiempo,
muchos escriben
como si Dios
no existiera;
yo, en cambio,
lo voy a hacer
como si existiera
…porque existe.

¿Tu verdad? No, la Verdad,
y ven conmigo a buscarla.
La tuya, guárdatela.

Antonio Machado

El insaciable afán de novedades que caracteriza a nuestro tiempo, donde la noticia reemplaza al conocímiento, propició que mi amigo Miguel y yo charlásemos sobre la inteligencia artificial, de la que se habla de continuo con un sentimiento cercano a la fe y sobre la que algunos piensan que superará con creces al ser humano. Acabamos tratando un tema muy grato a los humanistas del Renacimiento: la dignidad humana. ¿En qué reside? Esa era la cuestión.

Querido amigo: —le espeté— pienso que la dignidad humada radica en que el hombre es imagen de Dios, según leemos en el Génesis: "Hagamos al hombre a nuestra imagen y semejanza". Pero —objeté a mí mismo—, si Dios es invisible, ¿cómo podemos haber sido creados a su imagen? Solo si el Dios invisible se torna visible, —lo que sucede en Jesús de Nazaret, Hijo de Dios Padre y humano desde el momento de su encarnación en las entrañas de María—, es más claro advertir qué significa esa "imagen de Dios". No se hizo Dios humano para parecerse al hombre, sino que creó al hombre a imagen de Cristo; por él (a través del logos, del Hijo) fueron hechas todas las cosas, leemos en el prólogo del Evangelio de San Juan. El ser humano, varón y mujer, es imagen de Cristo: hombre visible a la vez que Persona divina. Poseemos un espejo en el que mirarnos: Cristo.

Te has elevado de inmediato a la esfera religiosa, respondió Miguel. ¿Es que no hay otras razones?

Cuando lo que tú llamas esfera religiosa se ha dejado de lado, el Estado ha emergido con todo su esplendor, y tratando de remedar la justicia divina ha practicado el genocidio, ha exterminado industrialmente al hombre o ha impedido el nacimiento de millones de niños en el seno de su madre.

Luego la dignidad humana no existe. El hombre es un lobo para el hombre.

El problema de la rapacidad humana se esclarece también a la luz de Jesús de Nazaret. Cristo no es solo el bellísimo hombre que resplandece en la transfiguración en el monte Tabor relatada por los evangelios. Es también el hombre torturado, ensangrentado, que presenta el procurador Poncio Pilato ante la multitud, al tiempo que pronuncia su famoso "Ecce homo": "He aquí al hombre". La palabra *eccehomo* se ha incorporado a la lengua española con la acepción: "persona lacerada, rota, de lastimoso aspecto". Que el Hijo de Dios encarnado en hombre pueda llegar a ser un torturado supone una mutación revolucionaria del concepto "hombre". Para un griego o romano esculturas como el Discóbolo de Mirón o la Venus Capitolina (inspirada al parecer en Praxíteles) subliman modelos acabados de humanos: bellos, perfectos.

Sería impensable que la cultura grecolatina presentase a una deidad

torturada como tipo antropológico.
En la misma senda se sitúa el David
de Miguel Ángel o la Venus de Botti-
celli. Son representaciones ideales de
hombres o mujeres triunfantes, exce-
lentes, hermosos. En comparación
con estas imágenes, personas enfermas, mutiladas, ancianas o deformes
podrían merecer el desprecio: una
mirada elusiva e incluso asqueada, y
surgir la tentación de eliminarlas (eugenesia). Mas si el Dios-Hombre se
convierte en el *homo* por excelencia
aun atormentado y teñido de sangre,
eso significa que la dignidad humana
no se basa en absoluto en la fuerza,
salud y armonía: cualquier humano,
aun el más miserable y contrahecho,
posee una respetabilidad no nego-
ciable como congénere del Hombre-
Dios. No se necesitan interminables
tratados para contradecir la eugenesia,

el aborto o cualquier forma de racismo: basta contemplar al Ecce Homo.

Dices que Jesucristo es la clave interpretativa del hombre. Pero tras las teorías de Darwin está muy extendida la idea de que somos un fruto de la evolución sin intervención divina. Y eso explica muy bien que seamos animales, aunque erguidos; que seamos brutos aun con racionalidad. En esta línea recientemente escuché una entrevista a un conocido periodista español en la que nos definía como "chimpancés mal terminados", expresión ingeniosa...

No sé si un chimpancé mal terminado es capaz de pintar la Capilla Sixtina, escribir el *Quijote* o componer la música de Bach, pero, en cualquier

caso, esta afirmación destila una visión
materialista trufada de pesimismo
antropológico quizás de raíz luterana.
El hombre es capaz de lo mejor y de
lo peor, pero eso es consecuencia de
su libertad: no responde a una maldad
ontológica. Si se prescinde de Dios,
del sentido trascendente de la vida, la
visión se oscurece y se torna mez-
quina. El filósofo español Julián
Marías afirmó con lucidez que la
realidad de Dios es tan superabun-
dante "que por muchos que sean los
males existentes en el mundo en
general o incluso personales, el ba-
lance es siempre positivo, naturalmente, de modo que si se tiene en
cuenta la realidad en su conjunto no se
puede ser pesimista".[1]

---

[1].- Entrevista televisiva en
https://www.youtube.com/watch?v=QfHvSCLbuZ4

Volviendo a la idea de imagen de Dios, no me queda claro cómo puedes sostener que el cuerpo refleje también la divinidad, cuando influyentes corrientes de pensamiento desde la Antigüedad han considerado el cuerpo como una rémora del espíritu. Ahora, incluso con la realidad virtual, parece que el cuerpo humano queda en un segundo plano.

Escribió el historiador romano Salustio que el hombre comparte el alma con los dioses y el cuerpo con las bestias[2]. Pero no es exactamente cierto. El cuerpo del hombre también es imagen de Dios porque Cristo: –Dios y hombre– es corporal. Al rendir honor al cuerpo humano se rinde de al-

---

[2].- Salustio: *La conjuración de Catilina*, 1.

guna manera honor a Dios; y al mal-
tratar o mutilar tal cuerpo, se maltrata
o mutila el cuerpo de Dios. Lo cual,
como acabamos de ver, se torna más
claro contemplando a Cristo destro-
zado en su Pasión, al converger en él
todas las agresiones de la historia.

Ahora bien, lo que percibe
Salustio es que el hombre, pese a no
ser el ser más longevo sobre la faz de
la tierra, ni el más rápido, ni el más
fuerte, posee una connaturalidad con
lo divino por su alma racional y libre.
Algo que el escritor Costica Bradatan
parece no percibir al no distinguir
entre lo cuantitativo y lo cualitativo:

Lo que vuelve absurda nuestra
situación es que, en el cuadro
general de las cosas, somos
criaturas muy insignificantes.

Tiranos liliputienses. Cualquier piedrecilla que vemos en el lecho de un río ha vivido mucho más que nosotros y vivirá más. No somos más grandiosos que el resto del mundo; en realidad, somos más pequeños que la mayoría de las cosas[3].

Bradatan confunde existir con vivir, y tamaño con relevancia. Pero no hace falta ser muy perspicaz para captar la singularidad del hombre. Así lo manifiesta de modo admirable el segundo coro de la tragedia *Antígona* de Sófocles:

CORO

Andan por ahí montones de cosas

---

[3].- Costica Bradatan: *Elogio del fracaso. Cuatro lecciones de humildad*. Barcelona, Anagrama, 2025.

formidables, pero ninguna más formidable que el hombre. Esa cosa que es el hombre avanza incluso al cabo de las rutas del grisáceo mar con borrascoso ábrego, atravesándolo bajo la amenaza de oleajes que braman en su derredor.

Y a la tierra, óptima entre los dioses, inagotable e infatigable, la va desgastando, al voltearla sus arados año tras año, y cultivarla con la raza equina.

ANTÍSTROFA 1

Y el circunspecto hombre echa el lazo a la familia de los pájaros de prontos reflejos y se los lleva, y también la estirpe de las fieras salvajes y las marinas criaturas del océano con entramadas y bien trenzadas redes. Y con ardides consigue dominar la agreste fiera montívaga, y ha de llegar a someter al yugo, que circunda la testera, al caballo cuyas crines caen a uno y otro lado del cuello y al indómito toro de los montes.

ESTROFA 2

Y aprendió por sí solo el lenguaje y las ideas etéreas y los comportamientos que imprimen un orden a las ciudades, y a esquivar los dardos de las escarchas que dificultan la estancia a la intemperie, y los dardos que conlleva una molesta borrasca, ¡el hombre con soluciones para todo! No hay evento al que se enfrente sin soluciones. Únicamente no se procurará escapatoria del Hades. En cambio, tiene ya concebidos medios de escapar a enfermedades hasta ahora incurables.

ANTÍSTROFA 2

*Pero aun poseedor, más de lo que
cabe imaginar, de cierta astucia, que
es la que le proporciona su habilidad
se desliza unas veces en pos del
descalabro, otras del éxito. Si entre-
laza las normas de la tierra y la
justicia de los dioses permaneciendo
fiel al juramento prestado, ¡he ahí un
ciudadano de primera!*

*Pero, ¡sea privado de la condición de
ciudadano, en pago a su osada falta
de escrúpulos, aquel con quien convive
el desdoro: ojalá que ni comparta
conmigo el hogar ni esté entre los que
piensan igual que yo quien así se
comporte!*[4]

---

[4].- Sófocles: *Tragedias completas*. (ed) José Vara Donado,
Madrid, Cátedra, 2001, pp. 159–160.

Ha llegado el momento de negar la mayor. Yo no creo en Dios; incluso podría decir que ni sé si creo. Es verdad que a veces me sorprendo invocando a un "papá" que no corresponde a mi padre humano. Pero Dios no es un referente en mi vida. Podría decir que vivo como si Dios no existiera.

Creer o no en Dios no añade ni quita nada a su existencia. Ahora bien, cabe plantearse si nos conducimos como *homo sapiens,* que indaga por el sentido o como *homo habilis,* que solo actúa. El "en principio existía el logos", del evangelio de San Juan, se contrapone al más contemporáneo "en principio existía la acción" del

Fausto de Goethe[5]. Pero, pienso como Platón, que escribió: "se vuelve ridículo no conocerse a sí mismo cuando se aspira a conocer las demás cosas" [6], y como Kant cuando afirmaba que los grandes temas de la filosofía son Dios, la libertad y la inmortalidad. Si solo vivimos para el exterior, para el hacer, y no reflexionamos sobre nosotros mis-

---

[5].- Sobre la cita de Goethe, esta glosa de Antonio Machado: "Esta guerra europea es el fruto maduro de la superstición ochocentista. El siglo XIX, bajo sus dos modos ideológicos: romanticismo y positivismo, ha sido esencialmente un siglo activista, pragmático. La razón se hace mística o agnóstica, todo menos racional, y ya no vuelve a levantar cabeza. El culto de la acción crece como un gran río hasta salirse de madre. Goethe formuló con la anticipación propia del genio, la fe de nuestros días: en el principio era la acción. El homúnculo activo, salido de las redomas de Wagner, el estudiantón, es el soldado de esta guerra grande, un gran creyente en la Diosa Acción y en la radical acefalía del mundo". Antonio Machado: *Obras completas* (II). Barcelona, RBA-Instituto Cervantes, 2006, p. 1174.

[6].- Platón, *Fedro*, 229E-230A.

mos ni sobre el sentido del mundo (y aquí entra la cuestión sobre Dios), entonces nos convertimos en autómatas. "No acostumbro a reflexionar", me dijo un cineasta, lo que equivale a decir: "no acostumbro a vivir como hombre". Un ser con entendimiento especulativo y práctico, voluntad y sentimientos no debe castrar su capacidad de conocer más allá de las apariencias y quedar reducido a una mente-tiovivo volcada en su dispositivo electrónico o en un mero turista de un mundo que conoce entre sombras. Como escribió Hannah Arendt:

La convicción de la época moderna de que el hombre puede saber sólo lo que él mismo ha hecho parece estar de acuerdo con una glorificación del hacer, antes que con la actitud básicamente contemplativa del historiador y de la conciencia histórica en general.[7]

Se puede no creer en Dios, pero es sensato estar en búsqueda, sin encogerse de hombros ante lo no evidente. A Julián Marías le sorprendía que muchos contemporáneos se conformasen con la idea de que tras la muerte no existe nada, por la sencilla razón de que es imposible poseer certeza de ello. Y advertía el filósofo que lo que se busca es seguridad; y negar el misterio ofrece, subjetivamente, una seguridad que carece de fundamento alguno. Aquí Marías recordaba una frase de Shakespeare: "la seguridad es el peor enemigo del hombre".

---

[7].- Hannah Arendt: *Entre el pasado y el futuro Ocho ejercicios sobre la reflexión política*. Barcelona, Ediciones Península, 1996, p. 85.

El hombre vive como si fuera a existir eternamente. Construye un mundo no pensado para seres mortales. Los animales, en cambio, no hacen un esfuerzo mayor del necesario para su subsistencia. Entonces, ¿es el ser humano completamente imbécil? ¿no será que anida en él una semilla de inmortalidad que traslada a lo que toca, que busca en el arte, las letras y la religión? La muerte trunca la existencia humana, y no puede despacharse con una simple "vuelta a la nada". Si es así, la vida humana es completamente absurda. "Es preciso imaginarse a Sísifo dichoso", escribió Albert Camus, simbolizando el sinsentido humano en el personaje mitológico que empujaba una gran piedra a la cima de una montaña para lanzarla desde arriba y volverla a subir una y otra vez. Yo le respondería a

Camus: se puede hacer, de la necesidad, virtud; pero no del absurdo.

Cabe plantearse: ¿no creo en Dios o no quiero creer en alguien que limite mi libertad? ¿no creo en Dios o no quiero pensar? ¿doy espacio al pensamiento o vivo en una vorágine de activismo, en una especie de huida de mí mismo? Escribió Romano Guardini:

> Descansar significa dejar de ir a la caza de nuevas metas, de pasar a toda prisa por el instante. Detenerse y permanecer. Tener presente. [...] Saber descansar significa estar abierto a una dimensión de eternidad. Significa haber superado el desosiego y la prisa. Entonces estamos en condiciones de percibir

lo que permanece: el ser. A quien sabe descansar se le han abierto los ojos para lo eterno. Sólo él contempla lo permanente, lo esencial. Solo él posee. Solo él sabe lo que es la alegría. Solo él sabe lo que es la paz."[8]

Un andaluz espetó a un asturiano: "convéncete, lo peor de todo es la superficialidad". Deberíamos ser capaces de hacernos la pregunta: ¿Soy superficial? Sobre este argumento podríamos recordar unas palabras de Santa Teresa de Ávila:

[...] hay almas tan enfermas y mostradas a estarse en cosas esteriores, que no hay remedio, ni

[8].- Romano Guardini: *Cartas sobre la formación de sí mismo*. Madrid, Palabra, 2000, p. 138.

parece que pueden entrar dentro de sí; porque ya la costumbre la tiene tal de haber siempre tratado con las sabandijas y bestias que están en el cerco del Castillo, que ya casi está hecha como ellas; y con ser de natural tan rica, y poder tener su conversación, no menos que con Dios, no hay remedio. Y si estas almas no procuran entender y remediar su gran miseria, quedarse han hechas estatuas de sal, por no volver la cabeza hacia sí, ansí como lo quedó la mujer de Lot por volverla.[9]

Mas a Dios no lo vemos.

Tampoco vemos a nuestros bi-

---

[9].- Santa Teresa de Ávila: *Las Moradas*. 3ª ed., Argentina, Espasa–Calpe, 1943, I, 1.

sabuelos, pero existieron y sin ellos no
estaríamos vivos. Una cosa es ver, y
otra conocer. Una cosa es saber y otra
estar informado de algo. Vivimos en la
era del especialista, que sabe de algo y
diserta de lo que ignora con la misma
contundencia. Quizás el rasgo principal del conocimiento actual es la
fragmentación.

> Nosotros tenemos el mundo
> metido en cajones; somos ani-
> males clasificadores. Cada ca-
> jón es una ciencia, y en él he-
> mos aherrojado un montón de
> esquirlas de la realidad que he-
> mos ido arrancando a la in-
> gente cantera maternal: la Na-
> turaleza. Y así en pequeños
> montones, reunidos por coinci-
> dencias, caprichosas tal vez,
> poseemos los escombros de la

vida. Para lograr este tesoro exánime tuvimos que desarticular la Naturaleza originaria, tuvimos que matarla.[10]

El encuentro con Dios no es solo intelectual. "La parte mediocre del alma necesita un ligero pretexto para huir de la luz. La atracción del placer o el miedo al dolor le proporcionan ese pretexto".[11]

En *El principito* de Saint Exupery es central esta idea: "lo importante es invisible a los ojos". Es una de las verdades más radicales de la existencia humana. Dios es el gran

---

[10].- Ortega y Gasset: *Obras completas II (1916-1934). El espectador.* Madrid, Revista de Occidente, 1963, p. 51–52.

[11].- Simone Weil: *Sobre la belleza.* Barcelona, Plataforma Testimonio, 2024, p. 20.

invisible. La verdad siempre está más allá de la apariencia.

> Cuando un aprendiz se hace daño o se queja por el cansancio, los obreros y los campesinos utilizan esta expresión: «Es el trabajo, que entra en su cuerpo». Cada vez que sufrimos algún dolor, podemos decirnos sin faltar a la verdad que es el universo, el orden del mundo, la belleza del mundo, la obediencia de la creación a Dios, que entran en nuestro cuerpo. Entonces, ¿cómo podríamos no bendecir con la más tierna gratitud al Amor que nos envía ese don?"[12]

---

[12].- Simone Weil: *Sobre la belleza*. Barcelona, Plataforma Testimonio, 2024, pp. 29-30.

La inteligencia, la voluntad y las emociones están en nosotros de un modo entremezclado. No podemos decir "ahora solo razono", porque nuestra voluntad interviene también en nuestro pensar. Creemos, a menudo, en lo que queremos creer y no solo en lo que se nos presenta creíble. De ahí que ante la cuestión sobre si creemos en Dios debamos ser honestos y preguntarnos qué perseguimos en la vida: ser buenos o estar bien, nuestro beneficio o también el de otras personas. Unas palabras del profesor de filosofía Mario Méndez Bejarano pueden hacernos pensar que son otros más que nosotros los que, a menudo, piensan por nosotros:

La agitación, la fiebre de la vida contemporánea se refleja en la literatura con la epiléptica movilidad de nuestra inquieta psiquis. El modernismo representa el cansancio de una sociedad gastada, el agnosticismo en Teología, la experimentación sin filosofía en la Ciencia; el oportunismo en Derecho y en Política; el Arte caprichoso y subjetivista. Nada de sólido, de durable, de indiscutible; el mobiliario inconsistente y gracioso que no pasará de una a otra generación, y se relevará por el vértigo de la moda; el aparato que salva la dificultad del momento, aunque se destruya y reponga en breve plazo; la estética impresionante sin la seriedad del estudio ni el culto de la admiración; la revista legible en el café o en el tranvía, preferida al libro que impone la medita-

ción en la soledad del gabinete;
la noticia en lugar del artículo
doctrinal; el grabado en vez de
la reseña; la vida al día, al
instante, desligada del ayer, sin
previsión del mañana. Signo general de la época, impulso
superficial e irreverente, más
propio del genio americano que
de la gravedad europea, ner-
vioso y desorientado, se goza en
hollar prestigios, vulnerar pre-
ceptos, pulverizar gramáticas y
escarnecer tradiciones, anhe-
lando el deslumbramiento, el
éxito pasajero, satisfecho con
épater le bourgeois y desdeñoso
con la minoría, la santa minoría
de los escogidos.[13]

[13].- Mario Méndez Bejarano en Salvador Rueda: *Antología poética*. Madrid, Renacimiento, 1928, pp. 7–8.

¿No creo en Dios o no creo en lo que el marco cultural en que vivo establece que no debo creer?

Una idea recurrente es la de la muerte de Dios expresada por Nietzsche. Y parece que ha hecho fortuna, porque Dios está ausente de discursos políticos, mediáticos, científicos...

Si Dios muere, entonces no era Dios. Dios es el mismo Ser subsistente. Es el fundamento necesario de todo lo demás, que es contingente. Lo accidental no se sostiene por sí mismo: precisa un ser necesario. Postular la no existencia de Dios no explica nada. No creer en Dios supone carecer de una explicación última y suficiente. Pero aquí yo no hablo solo del Dios de los filósofos, un motor inmóvil o un arquitecto del universo, sino del Dios bíblico: uno en esencia y trino en personas, que crea por amor y Él mismo es amor. Por estar hecho a imagen de Dios, el hombre (y los ángeles) somos sus seres mimados. De ahí que una persona humana no sea un elemento más del universo, un animal más. El hombre es un tú al que Dios crea y destina a ser su interlocutor –y con Él, con las demás personas– por toda la eternidad.

Dios es único pero no solitario. Es uno y trino. Conforma una comunión de personas. Dios no ha creado al hombre solitario. Lo ha hecho varón y mujer: una comunión de personas que se atrae y enriquece mutuamente y es capaz de engendrar nuevos seres humanos, ampliando así la comunión. Engendrar es colaborar con

Dios en la creación. Por eso, si Dios desaparece del horizonte, los hijos devienen en un lastre y o no se engendran o se reducen drásticamente. Si la teología de la creación se esfuma y la fe en la providencia desaparece, el hombre da de lado al matrimonio y a la familia, y quiere vivir como Robinson Crusoe o en su torre de marfil. Pero no hemos sido creados para nosotros mismos, sino como seres desde Otro, de otros y para los otros. Quien vive para sí jamás será feliz.

Ahora bien, el hombre criatura, hijo de Dios, es previo al hombre y mujer convocados a la comunión. El hombre nativamente es hijo porque tiene padre y madre. El hombre no es un ser solitario, sino hijo de un padre. Lo cual se escenifica en la figura del héroe Eneas huyendo de Troya, en la *Eneida* de Virgilio, con su hijo pequeño y su padre anciano sobre sus hombros.[14]

Hablas de Dios como si hubiera un solo concepto sobre Él, aunque te presentas como judeocristiano...

La objeción me parece muy lúcida. La cuestión de la creencia en Dios es compleja. Si se cree en Dios, habría que preguntarse en qué Dios se cree, y de dónde procede ese Dios: una particular religión, una elaboración personal, una filosofía, etcétera. Y si no se cree en Dios hay una pregunta ineludible: ¿Por qué? ¿Por una cuestión filosófica como el mal? ¿Por una experiencia personal feliz o traumática? ¿Por una decepción? ¿Por un desencuentro familiar? Lo trágico sería

---

[14].- En este ejemplo sigo el magisterio del filósofo español Higinio Marín.

no creer en Dios por simple dis-
tracción o superficialidad. Es decir,
porque uno está demasiado ocupado
viendo series televisivas o espectáculos
deportivos, evadido en las infinitas
distracciones que nos rodean, o porque la información sobre Dios que
uno posee es la que suministran perió-
dicos o revistas (no libros) que se
mueven, *per se*, en el ámbito de lo fragmentario, reduccionista e inmediato.
George Steiner, el gran crítico literario
cosmopolita, afirmó en su última entrevista que "en estos momentos, mi
objetivo es, en primer lugar, entender
por qué cada día crece más la distan-
cia que me separa del irracionalismo
moderno, y me atrevo a decir, de la
creciente barbarie de los medios, de la
vulgaridad dominante"[15].

---

[15].- Nuccio Ordine: *George Steiner, el huésped incómodo.
Entrevista póstuma y otras conversaciones.* Barcelona,

Hay que tener la valentía de preguntarse por qué se cree o por qué no se cree y ser honesto si se descubre que la causa es el irracionalismo, los medios bárbaros o la vulgaridad dominante. Es muy frecuente creer que se sabe acerca de algo a partir de lo que los medios de comunicación aportan (mezclado y amplificado hoy por internet). Pero es falso. Si mi conocimiento sobre Cervantes, por ejemplo, derivara de lo que de él aparece en los medios, sería sumamente fragmentario, reduccionista y superficial. Tras conocer a Cervantes por la lectura de libros, advierto que lo que de él se afirma en los medios es pobre, parcial y, en la mayor parte de los casos, desenfocado. Y lo que sucede con Cervantes, ocurre con Dios o

Acantilado, 2023, p. 33.

cualquier otro tema. Confundir información (medios) con conocimiento (observación, estudio y libros) es uno de los principales dramas de nuestro tiempo. El hombre antiguo o medieval era ignorante y lo sabía. El hombre contemporáneo (rodeado de información) es ignorante y no lo sabe. Esta cuestión la aborda brillantemente Ortega y Gasset en *La rebelión de las masas.*

Quizás el Dios del que hablas se identifique con el absoluto. En cualquier caso, andas filosofando. Pero la filosofía no está de moda. ¿No fue Marx el que dijo: hasta ahora los filósofos han interpretado el mundo pero de lo que se trata es de transformarlo?

Si por absoluto se entiende una de las acepciones del diccionario de la

Real Academia: "que existe por sí mismo, incondicionado", el adjetivo puede aplicarse a Dios. George Steiner publicó un libro con el nombre *Nostalgia del absoluto,* donde explica que en la Edad Contemporánea han surgido sustitutos de la religión como el marxismo o el psicoanálisis. Es cierto que el hombre posee sed de absoluto. Santa Teresa escribió "Quien a Dios tiene, nada le falta: solo Dios basta". Y a muchos hombres y mujeres nada les basta, y viven en una vorágine de actividad, de búsqueda de conocimiento, de viajes turísticos. Se piensa que no hay "grandes relatos", sino fragmentos, y se aspira a coleccionar infinitos fragmentos que logren constituir una especie de todo. Pero, si Santa Teresa tiene razón, solo Dios basta; y si San Agustín está en lo cierto: "Nos hiciste, Señor, para ti; y nuestro corazón está inquieto hasta que descanse en ti".

La idea de Marx es engañosa, pues desde los filósofos griegos hasta el siglo XIX la filosofía había transformado el mundo. De hecho la ciencia moderna surge cuando se establece con la naturaleza un diálogo semejante al de Sócrates con sus amigos. La cuestión no es solo cambiar, sino hacia dónde. Porque si transformar significa crear gulags o convertir al hombre en esclavo de su dispositivo electrónico, el cambio no merece la pena.

Empezaste tu disertación sobre la dignidad humana aceptando sin fisuras el dogma de la Trinidad divina, que es de estricta fe. Insisto, ¿cómo vamos a dialogar desde la razón cuando partes de la fe?

Sucede que también se necesita fe para creer que todo el universo con las maravillas que contiene (incluido el hombre) procede del azar. Azar es el nombre de la ignorancia. Es más racional pensar que en el origen del universo hay un logos, un principio inteligente, que no un acaso. En el plural genesiaco "hagamos al hombre" se vislumbra la Trinidad. Y en la creación de la mujer se hace patente la necesidad imperiosa de la comunión entre las personas humanas. Por esta razón, difuminar la diferencia entre varón y mujer es un flaco servicio a la humanidad, porque en la diferencia está el quid de la complementariedad.

El misterio de la Santísima Trinidad no puede ser aprehendido por la razón, lo cual no significa que no solo se pueda bucear en él y obtener luces, sino que puede sostenerse, con el filósofo alemán Hans Georg Gadamer, que ha impulsado el razonar humano:

> El más profundo misterio de la doctrina cristiana, el misterio de la Trinidad, del cual creo personalmente que, como desafío al pensamiento y como promesa que excede siempre los límites de la comprensión humana, ha dado vida constante al curso del pensamiento humano en Occidente.[16]

Y con respecto de la fe en la casualidad, podemos detenernos en unas afirmaciones de Costica Bradatan[17]:

---

[16].- Hans-Georg Gadamer: *La actualidad de lo bello*. Barcelona, Paidós, 1991, p. 16.

[17].- Costica Bradatan: *Elogio del fracaso. Cuatro lecciones de*

De acuerdo, no es un co-
nocimiento halagüeño: no somos más que hijos de la
casualidad, iconos de la ende-
blez, breves chisporroteos. Nos
han metido en una farsa cósmica, somos juguetes, bromas
andantes. Sin embargo, cuando
aprendemos esto, nos damos
cuenta de la magnitud de
nuestra hazaña: nos vemos tal
como somos, hemos con-
quistado un estado de desnu-
dez ontológica: y entendemos
la broma.

No podemos dejar de inte-
rrogar a Bradatan: Oiga, ¿y usted
cómo sabe lo que afirma con tanta
contundencia, con la misma seguridad

humildad. Barcelona, Anagrama, 2025.

con la que yo asiento a las verdades de fe? Yo remito mi fe a un acto de revelación de Dios a una comunidad, sea el pueblo judío, sea la Iglesia. Usted, aparte de negar toda providencia, ¿cómo está tan seguro del absurdo? Porque el absurdo, por definición, es lo que repugna a la razón. Qué farsa cósmica más extraña, que nos permite volar en aviones y lanzar satélites. Qué breves chisporroteos más curiosos, que pueden construir catedrales, sinfonías y poemas épicos. Qué bromas andantes tan raras que han desarrollado infinidad de ciencias y de técnicas curativas... Lo que es una broma es afirmar que "entendemos la broma". Lo que afirma Bradatan supone no entender absolutamente nada.

Pero si fundas la dignidad humana en Dios, en realidad impones tu fe a los que no la tienen.

Aunque tome en consideración el misterio cristiano de la Trinidad, fundo la dignidad en un Dios, ser inteligente garante del mundo, al que puede accederse sin la fe cristiana, como muestra brillantemente Antony Flew en su libro *Dios existe*. Además, abordar las cuestiones humanas "como si Dios no existiera" o "como si Dios existiera" no es ya un debate meramente académico. Como explicó Benedicto XVI a los jóvenes en Colonia en 2005:

En el siglo pasado vivimos revoluciones cuyo programa común fue no esperar nada de Dios, sino tomar totalmente en las propias manos la causa del mundo para transformar sus condiciones. Y hemos visto que, de este modo, siempre se tomó un punto de vista humano y parcial como criterio absoluto de orientación. La absolutización de lo que no es absoluto, sino relativo, se llama totalitarismo. No libera al hombre, sino que lo priva de su dignidad y lo esclaviza. No son las ideologías las que salvan el mundo, sino sólo dirigir la mirada al Dios viviente, que es nuestro creador, el garante de nuestra libertad, el garante de lo que es realmente bueno y auténtico. La revolución verdadera consiste únicamente en mirar a Dios, que es la medida de lo que es justo y, al mismo tiempo, es el amor eterno. Y ¿qué puede salvarnos sino el amor?[18]

No existe un pensamiento neutro o aséptico. El fundamento en Dios puede garantizar que la raza, el sexo, la lengua, la pertenencia a un partido, la salud mental o física, la condición de nasciturus o nacido, es decir, cualquier condición particular no se erija en discriminadora de humanidad.

Hay quien mata en nombre de Dios.

Es verdad. Podemos deformar a Dios: hacer un Dios a nuestra

---

[18].- Benedicto XVI: *Discurso*. Colonia, 20 de agosto de 2005. https://www.vatican.va/content/benedict-xvi/es/speeches/2005/august/documents/hf_ben-xvi_spe_20050820_vigil-wyd.html

medida. No comprender que Dios es amor. Un Dios comunión de personas que viven en un perpetuo conocerse y amarse no puede justificar el terrorismo, porque Dios es el creador, el dador de vida. Un conocido poeta español ha afirmado: "en el fondo una armonía absoluta sería el no ser, la nada plena". Es curioso lo fácilmente que derivamos a la autodestrucción cuando rechazamos al Dios vivo, al Ser con mayúscula.

Pero el Dios de la Biblia promueve la violencia.

El Dios del Antiguo Testamento se revela como uno y único. Elige un pueblo con el que realiza una alianza que restablece una y otra vez a pesar de la infidelidad de los hombres. Los diez mandamientos no promueven la violencia: ama a tus padres, no mates, no cometas adulterio, no robes, no mientas… Pero es cierto que se establecen castigos que para nuestra sensibilidad son crueles. Jesús llevó la revelación a su plenitud y sentenció que quien no tenga pecado tire la primera piedra. Ciertamente ha habido violencia en las sociedades judeocristianas. Sociedad judeocristiana no significa sociedad perfecta. Pero no podemos olvidar que las más atroces violencias de la historia se han llevado a cabo en nombre del Estado, la Raza o la Igualdad, desde la Revolución francesa hasta los campos de exterminio del siglo XX. Nuestra cultura es incoherente, pues se rebela frente a que Dios mandase destruir a un pueblo en el Antiguo Testamento, al tiempo que aplaude o mira hacia otro lado ante el genocidio del aborto.

Sobre esta cuestión, dijo Benedicto XVI que:

> El fundamentalismo es siempre una falsificación de la religión. Va en contra de la esencia de la religión, que quiere reconciliar y crear la paz de Dios en el mundo. Por lo tanto, la tarea de la Iglesia y de las religiones es purificarse; una alta purificación de estas tentaciones por parte de la religión es siempre necesaria. Es tarea nuestra iluminar y purificar las conciencias y mostrar claramente que cada hombre es imagen de Dios; y debemos respetar en el otro, no solamente su alteridad, sino en la alteridad y en la real esencia común, el ser imagen de Dios, y tratar al otro como

imagen de Dios. Por tanto, el mensaje esencial de la religión debe ser contra la violencia, que es una de sus falsificaciones, como lo es el fundamentalismo; el mensaje de la religión debe ser la educación, iluminación y purificación de las conciencias, para hacerlas capaces de diálogo, de reconciliación y de paz[19].

En nuestra época identificamos justicia con igualdad.

La igualdad social y económica es imposible, porque diversos son los trabajos y diversa es la laboriosidad de

---

[19].- Benedicto XVI: *Entrevista*. 14 de septiembre de 2012.
https://www.vatican.va/content/benedict-xvi/es/speeches/2012/september/documents/hf_ben-xvi_spe_20120914_incontro-giornalisti.html

hombres y mujeres. Lo cual no significa que no se deba combatir la pobreza o las situaciones laborales indignas de la persona humana. Pretender una igualdad "matemática" es una solución insensata a un problema complejo.

Y por lo que respecta a la llamada igualdad de género se puede decir que el varón y la mujer son igualmente humanos. Pero lo radical no es la igualdad sino la individualidad. Hombres y mujeres somos diferentes, y esa diferencia es riqueza, no déficit. Y cada persona es única e irrepetible. La naturaleza es inmensamente variada. La obsesión por la igualdad es ajena al macrocosmos y al microcosmos. La igualdad es un concepto abstracto, matemático. La uniformidad, la igualación, la indiferenciación, la disolución de las

identidades son aspiraciones des-
tructivas. Dios es variado y ha creado
un mundo diverso y personas especí-
ficas.

**Se insiste en la igualdad total y en
la libertad total en ser lo que se
quiere ser**.

Contradicción típica de un
razonamiento defectuoso. El error radica en ese "total". Somos iguales según unas coordenadas y podemos
moldearnos según unos límites acor-
des con nuestra naturaleza mortal y
vulnerable. No existe en lo humano
nada absoluto, es decir, desligado.
Estamos ligados a nuestros padres, a
nuestra condición humana, a nuestros
semejantes, a Dios. Pero Schelling,
uno de los forjadores del pensamiento
contemporáneo en el marco del lla-

mado Círculo de Jena afirmó: "El alfa y el omega de toda la filosofía es la libertad"[20]. Idea que contrasta con aquella frase de Cristo: "La verdad os hará libres"[21]. La libertad no es autosuficiente: remite al ser, a la verdad, a la bondad, a la belleza. Una libertad autocrática puede convertirse –y de hecho ha sucedido y sucede– en un expediente que lo justifica todo: hasta los campos de exterminio.

La distinción entre hombres y mujeres es cultural.

La distinción entre hombres y mujeres es creacional, nativa. Varón y mujer los creó (Génesis 1, 27). La diferencia es corporal, física, y psíquica.

---

[20].- Friedrich Schelling: *Vom Ich als Prinzip der Philosophie.* Schelling SW, vol. 1, 1795, p. 177.

[21].- Juan 8, 32.

Negarlo es producto de una filosofía "de la ebriedad". El borracho niega la evidencia. Pretender que podemos elegir lo que radicalmente (desde la raíz) somos es convertirnos en creadores de nosotros mismos, lo cual es una contradicción en sus términos. Nadie que existe sin haber decidido su existencia puede ser creador de sí mismo. Somos dependientes, nacidos de unos padres, criados, nutridos, educados durante largos años. Somos de otros y para los otros. Negar lo que somos, negar nuestra dependencia, nuestra contingencia no supone inteligencia ni sabiduría, sino necedad: significa instalarse en la adolescencia, en la etapa del descubrimiento del yo. La adolescencia es necesaria y pasajera; cristalizar en ella es patológico. Somos creados por una Comunión de personas como comunión de personas.

Somos del amor y para el amor. Lo inteligente es trabajar para el amor. Lo necio es trabajar para el odio. El amor es constructivo. El odio es destructivo.

Si somos creados por un Dios-Amor para el amor, ¿por qué hay odio?

Porque nuestros primeros padres, Adán y Eva, desconfiaron de Dios y dieron entrada en su vida a un yo desligado de Dios, que es la causa del odio. Se puede no creer en ese pecado original, pero no cabe negar que nacemos desajustados "de fábrica" en nuestro conocimiento, nuestra voluntad –nuestra libertad– y nuestras emociones. De ahí que la vida suponga una lucha entre el bien y el mal –el amor y el odio– en el corazón del propio hombre. En nuestro corazón ani-

da un impulso al amor y otro al odio
que está ahí, sin decisión nuestra, y sin
que podamos evitarlo. Como escribió
el poeta romano Catulo:

Odi et amo. quare id faciam,
fortasse requiris.
nescio, sed fieri sentio et
excrucior.
[Odio y amo. Por qué lo hago,
quizá preguntas.
No sé, pero siento que sucede
y me torturo].

Como decía Hobbes, el hombre es un lobo para el hombre...

El hombre puede ser cordero o
lobo, serpiente o paloma. Dios nos ha
creado. No somos malos. Otra cuestión es que podamos obrar mal, porque somos libres.

Aparentemente libres.

Ni estamos determinados ni somos absolutamente libres. Somos creaturalmente libres: libres como criaturas, no libres como creadores. Negar la libertad es un expediente que nos libera de la culpa. Pero sin verdad, no hay libertad, ni paz en la conciencia. Negar la libertad, como hizo Lutero, no ha traído más que desastres.

¿Qué desastres?

Buscar en otras instancias la salvación: el Estado, la nación, la raza, el irracionalismo… La civilización romana era realista. Su gran creación, el derecho, no pretendía la uniformidad. El descrédito de la filosofía escolástica impulsado por Lutero, una filosofía "esclava de la teología", auspició una

nueva filosofía "esclava" de las mate-
máticas y la experimentación. Lo cual
engendró filosofías y éticas "more
geometrico" y utopías sociales idealis-
tas, como toda utopía, pero sobre
todo por negar el pecado original y el
consecuente fomes peccati (inclina-
ción al pecado). El nacionalismo, el
colectivismo y el culto a la demo-
cracia, que la entiende no como forma
de gobierno sino como religión de
salvación, están relacionados con un
utopismo en que el Estado y sus
"sacerdotes" se revisten de mesianismo. Un mesianismo que, cuanto más
intenso, más genocida. Es la venganza
de la realidad, de la naturaleza de las
cosas y, si Dios no fuera bueno, de
Dios.

**¿Tiene que ver la libertad con la
dignidad?**

El hombre es digno porque es una obra maestra de Dios que vive en otra obra maestra: el universo. Y el ser humano, con su inteligencia –chispazo del entendimiento divino–, con su creatividad, con su sensibilidad puede dignificar, como el rey Midas, lo que toca. El trabajo se puede convertir en colaboración con la creación divina. Ignorada la teología de la creación, el trabajo fácilmente se convierte en un periodo de horror entre dos fines de semana.

Ser creados por Dios para entrar en comunión con Él significa que nuestro fin es el amor interpersonal y que somos inmortales. Somos imagen de Dios y Dios es inmortal por definición; y el Hijo de Dios Padre, Dios y hombre, murió pero resucitó. La muerte corporal no es definitiva, no es aniquilamiento. Si somos imagen de Dios somos "capaces de Él", interlocutores. Esta es la dignidad primaria. Todo lo demás es secundario. Las diferencias humanas son secundarias con respecto de la semejanza con Dios. Sexo, edad, raza, nación, lengua, habilidades cognitivas o corporales, salud o enfermedad… La radical dignidad humana depende de su raíz creatural, de su condición de persona llamada a integrarse en la comunión de personas divinas. Cuando esto se pierde en el horizonte, el hombre se atrinchera en la diferencia y levanta muros: el muro de la nación, de la lengua, de la raza... El nacionalismo es directamente proporcional al decaimiento de la catolicidad. Los sustitutos de Dios construyen la antítesis de la comunión de personas: la división y la marginación de las personas. Con frecuencia las llamadas guerras de religión no son sino disfraces de la exaltación de la propia nación o entidad política.

¿No es mejor dejarse llevar por la intuición en lugar de tanta especulación?

Aunque no pienses, otros pensarán –y actuarán– por ti. Quien no se remonta a lo último, se instala en lo penúltimo, y endiosa al Estado, la Nación, la lengua, el mercado o una igualdad ramplona como remedo de la justicia. Renunciar a pensar es renunciar a ser humano, y convertirse en pasto fácil de demagogos. Máximé en la era de la información y las redes sociales, en la que no circula conocímiento, sino información fragmen-

taria, reduccionista e inmediata desti-
nada a enervar las emociones y a
simplificar la racionalidad, que deviene
en un simplista transtorno bipolar,
maniqueo: izquierda / derecha; con-
servador / progresista... Ortega y Gasset explicó que "progresar" no consiste en "tener" más sino en "ser"
más. Un crecimiento del que el saber
constituye dimensión esencial.

Cuando se rechaza la fe, la
razón a menudo se sumerge en un
túnel, y busca explicaciones peregrinas
a su propio ser: extraterrestres, saltos
imposibles de la química al espíritu...
La razón se fagocita a sí misma y se
abandona a un nihilismo que niega la
evidencia: que somos dependientes y
criaturas. El hombre se instala en la
caverna y rechaza salir al exterior.
"Mirarse el ombligo" se emplea como

sinónimo de narcisismo. Pero, en realidad, mirarse el ombligo es revelador, porque da cuenta de que somos dependientes, nacidos, criaturas, no creadores. Rebelarse contra la propia naturaleza en aras de una ilusoria e imposible libertad omnipotente de autoconstrucción es suicida.

¿No es todo esto muy solemne?

Al revés. El destino engendra la tragedia griega. Un Dios-Amor provoca la Divina Comedia. El amor es divertido, lleno de humor. El destino es serio. La negación de la libertad produce seriedad. Como escribió la filósofa española María Zambrano:

> Una cultura depende de la calidad de sus dioses, de la configuración que lo divino

haya tomado frente al hombre, de la relación declarada y de la encubierta, de todo lo que permite se haga en su nombre y, aún más, de la contienda entre el hombre y su adorador, y esa realidad; de la exigencia y de la gracia que el alma humana a través de la imagen divina se otorga a sí misma[22].

Podemos también recordar aquella afirmación de Chesterton de que unos son dogmáticos, y lo saben; y otros son dogmáticos, y no lo saben. En el fondo de la mente humana, de cualquier cultura, de cualquier doctrina, hay una teología. Otra cuestión es que se ignore; quien desprecia la teología desprecia el sustrato de su filosofía vital.

---

[22].- María Zambrano: *El hombre y lo divino*. Madrid, Alianza editorial, 2020, p. 43.

Y quien rechaza una filosofía sencillamente se entrega a la de otros.

Zambrano afirma agudamente que "una cultura depende de la calidad de sus dioses", es decir, se da por supuesto que hay dioses. Todo el mundo cree en ellos. Lo que varía es la naturaleza de esas divinidades. Cuando el hombre no había dominado la naturaleza, ella rebosaba de dioses: astros, montañas, ríos… Y los fenómenos naturales dependían de ellos: truenos, relámpagos, cosechas, pestes… Desde que el hombre ha creado una segunda naturaleza y habita en ella, adora a la obra que ha salido de sus propias manos: la ciencia, la técnica, la realidad virtual. El hombre está engreído y piensa que lo va a saber todo, que dejará de haber misterio alguno. Esta actitud tomó cuerpo en el siglo XIX y ante ella se revolvió el poeta español Gustavo Adolfo Bécquer en su rima 39:

> [...] Mientras la ciencia a descubrir no alcance
> las fuentes de la vida,
> y en el mar o en el cielo haya un abismo
> que al cálculo resista,
> mientras la humanidad siempre avanzando
> no sepa a do camina,
> mientras haya un misterio para el hombre,
> ¡habrá poesía!

Obviamente, cada vez sabemos más del microcosmos y del macrocosmos, pero no hace falta esperar al futuro para ser conscientes de nuestra mortalidad, indigencia, menesterosidad, de nuestra quiebra moral. Si se es humilde y, por tanto, se anda en verdad, se intuye nuestra condición de criatura, se intuye nuestra dependencia de un creador.

Siempre está presente la tentación originaria, presente en el Génesis: "seréis como Dios". Algunas filosofías modernas han conceptualizado esta tentación convirtiendo al hombre, a su propio yo, en dios. Es nítido en esta frase:.

La base es, naturalmente, la concepción de mi yo como un ser absolutamente libre. Junto con el ser libre y consciente de sí mismo surge simultáneamente un mundo entero de la nada.[23]

---

[23].- Andrea Wulf: *Magníficos rebeldes. Los primeros románticos y la invención del yo*. Barcelona, Taurus, 2022,

Es imposible que el yo sea absolutamente libre porque es un yo creado, dependiente y finito. Pero el texto no se arredra y atribuye al yo lo que la teología cristiana había declarado sobre la capacidad divina de crear de la nada.

Tal es el poder de la fe, incluso cuando se deposita en quien no lo merece. Las personas «que no tienen una buena religión», observaba Milton Mayer, «tendrán una mala religión». No

---

nota 40: Texto del «Programa-sistema del primer idealismo alemán», título que recibió a principios del siglo XX. Hoy en día, hay mucho debate sobre quién escribió realmente el manifiesto. Encontrado entre los papeles de Hegel, fue transcrito de su puño y letra. Se publicó por primera vez en 1917, y los estudiosos han señalado a Schelling, Hegel y Hölderlin como autores, aunque la mayoría afirma que fue Schelling. Probablemente se escribió a finales de 1796 o principios de 1797.

pueden vivir sin ninguna. «Tendrán una religión; tendrán algo en que creer».[24]

¿Cómo se vive la comunión de personas?

Cuando se vive "para" y no solo "con". Amar es dar la vida, no es algo meramente pasivo, sino también activo. El amor no es indiferente a la indigencia ajena. Desde la menesterosidad propia se aspira a subvenir a la indigencia del otro. Lo cual ha sido sintetizado admirablemente por la tradición cristiana en las llamadas obras de misericordia, siete corporales y siete espirituales:

---

[24].- Costica Bradatan: *Elogio del fracaso. Cuatro lecciones de humildad.* Barcelona, Anagrama, 2025.

1. Visitar y cuidar a los enfermos.
2. Dar de comer al hambriento.
3. Dar de beber al sediento.
4. Dar posada al peregrino.
5. Vestir al desnudo.
6. Redimir al cautivo.
7. Enterrar a los muertos.

1. Enseñar al que no sabe.
2. Dar buen consejo al que lo necesita.
3. Corregir al que yerra.
4. Perdonar las injurias.
5. Consolar al triste.
6. Sufrir con paciencia los defectos de los demás.
7. Rogar a Dios por vivos y difuntos.

Estos catorce "reclamos" invitan a vivir "para los otros" y no "para sí". Eso es amar. Y ese amor, trasunto de la comunión de personas trinitaria, posee la semilla de la eternidad. Eternidad que se vislumbra en el amor erótico. Escribe el poeta romano Catulo en *Los Idus de marzo* de Thornton Wilder:

> El amor es nuestra propia eternidad. El amor es, en cada momento de su ser, todo el tiempo. Es la única vislumbre que se nos permite de lo que es la eternidad.[25]

Si Dios es amor, una comunión de personas que se conoce y ama eternamente, y el hombre ha sido creado para introducirse en esa comunión, es lógico que el amor humano, por imperfecto que sea, contenga un trasunto de esa eternidad

---

[25].- Thornton Wilder: *Los idus de marzo*. Buenos Aires, Emecé, 1967.

en la que vive Dios y a la que está convocado el hombre.

La comunión hombre–mujer,
fuente del nacimiento de nuevas
personas, y por tanto clave para la
humanidad, se puede vivir de diversas
formas. Puede ser una relación
esporádica o habitual. Puede haber co-
habitación, con-vivencia o con-amor.
Esta última juntura no existe como
palabra en español, pero puede
distinguirse entre habitar juntos,
convivir juntos o vivir para amarse. El
nacimiento, educación y crecimiento
de la prole hacen conveniente una
convivencia estable. Cuanto más
temporal sea la relación más lejana
estará de la fuente trinitaria de la que
mana la comunión de personas
humanas; cuanto más incondicional
sea, más se parecerá a aquella fuente.

Parece razonable pensar que el carácter permanente del hijo —que nunca puede dejar de serlo— es consecuencia del carácter permanente de la esponsalidad que lo causó. Si para el hijo, el padre y la madre no son cancelables como tales aun cuando se suspenda el trato, ¿por qué habría de serlo la esponsalidad, causa de la paternidad, maternidad y filiación? La fragilidad humana hace posible las rupturas. Parece que la ofrenda de la comunión de personas humanas a la comunión de personas divinas, esto es, la bendición divina de la relación humana, puede ser beneficiosa. Sin embargo, el menosprecio del matrimonio está muy extendido, obviando incluso la promesa formal. Si las promesas formales pueden incumplirse, cuanto más las relaciones que ni siquiera se fundan en promesas.

Se busca la autenticidad. Se huye del formalismo.

Sí, pero la materia sin forma queda en pura indeterminación. ¿Por qué fundar en indeterminación lo que causa un efecto irrevocable como es la generación? Me atrevo a reivindicar lo formal con unas palabras de Kandinsky en *Sobre lo espiritual en el arte*:[26]

> La forma, en sentido estricto, no es más que la delimitación de una superficie por otra. Esta es una definición superficial, pero todo lo superficial encierra necesariamente un elemento interno más o menos manifiesto. Toda forma tiene pues un contenido interno, del cual

[26].- Wassily Kandinsky: *De lo espiritual en el arte*. México D. F., Premia, 1989, p. 29.

es expresión. Esta es su caracterización interna.

Cuando se desprecia la forma, en realidad se está despreciando aquello a lo que la forma *informa*. Por lo demás, se desprecia la forma en aquello que no interesa. Por ejemplo, en el culto al cuerpo y en el culto a los animales, sustitutivos a menudo del culto al Dios Altísimo, hay un formalismo enorme.

En uno de los libros verdaderamente notables de hoy, *La vida de las formas artísticas,* Henri Focillon dice: La conciencia humana está en perpetua búsqueda de un lenguaje y de un estilo. Asumir la conciencia es asumir al mismo tiempo la forma. Incluso en niveles que están muy por debajo de la zona de la definición y la claridad, existen formas, medidas y relaciones. La principal característica del espíritu es que constantemente está describiéndose a sí mismo.[27]

En realidad, el ideal de la pura espontaneidad es una falacia.

Hay mucho dolor en el mundo: soledad, indiferencia, incomprensión, envidias, venganzas, mezquindad, cobardía, y todo el producido por las enfermedades.

---

[27].- Wallace Stevens: *El ángel necesario. Ensayos sobre la realidad y la imaginación.* Traducción de A. J. Desmonts. Madrid, Visor, 1994, p. 39.

Ciertamente. Y eso es una piedra de escándalo frente a un universo ordenado y armónico, y frente a un logos inteligente y bueno. El Dios motor inmóvil o el arquitecto del universo no tienen nada que decir frente a este horror. Sería impensable que Dios asumiera en su propia carne toda esta infinita masa de mal; solo si Dios tomara una naturaleza humana y esta afrontase todo este horror encontraríamos a un Dios solidario y capaz, con su omnipotencia, de vencer, aun misteriosamente, tanta maldad. Pues lo inimaginable se ha producido. El Hijo de Dios, divino como su Padre, el Hijo por el que los hombres somos hijos, ha asumido la naturaleza humana y sin dejar de ser Hijo de Dios ha empezado a ser hijo del hombre. Y Este no solo ha experimentado el hambre y el frío o el calor, sino que ha sido objeto del mayor de los escarnios: insultos, golpes, humillaciones sin cuento y los horrores de la flagelación, coronación de espinas y crucifixión. Solo un Dios "hecho mal" puede arrojar un luz misteriosa sobre el mal. Todo lo demás, las religiones de la aniquilación personal para evadirse de todo sentimiento incluidas, es paja frente a ese grano inconmensurable. Por lo demás, "Péguy decía que la desesperación es el gran pecado porque la desesperación es la negativa a sacar partido de las fecundidades del infortunio".[28]

Si la comunión de personas hombre-mujer es trasunto de la unión de personas trinitaria, ¿por qué hay personas en la Iglesia

[28].- Emmanuel Mounier: *Cartas desde el dolor*. Madrid, Encuentro, 1998, p. 31.

católica o la ortodoxa que no se casan, como si el matrimonio fuera pecaminoso?

El matrimonio no puede ser pecaminoso desde que en Génesis 1, 28 Dios manda "creced y multiplicaos". Y Jesús hizo su primer milagro en una boda, en Caná. Pero no casarse no es una imperfección, pues en tal caso Jesús habría sido imperfecto... Todo hombre está llamado a la amistad, y mediante ella, puede establecer comunión con cualquier persona, incluso con un enemigo "natural", como sucede en la parábola del buen samaritano. La amistad puede hibridar cualquier relación familiar, vecinal, profesional... social en definitiva. El matrimonio es vocación a la santidad como todas las vocaciones en la Iglesia y aún en la humanidad. Toda relación amorosa puede ser bella, y

> el deseo de amar la belleza del mundo en un ser humano es esencialmente deseo de Encarnación. Sólo por error se piensa que es otra cosa. Únicamente la Encarnación puede satisfacerlo. Por eso es una equivocación reprochar a los místicos la utilización del lenguaje amoroso. Ellos son sus legítimos poseedores. Los demás sólo tienen derecho a tomarlo de prestado.[29]

Un conocido escritor español escribe en un periódico: "si la sexualidad es algo precisamente natural,

---

[29].- Simone Weil: *Sobre la belleza*. Barcelona, Plataforma editorial, 2024.

renunciar voluntariamente a ella es un acto contra natura."

En nuestro tiempo, los escritores de novelas son *sabios por definición.* Lo cual procede de la sublimación de la cultura originada en el Romanticismo. Pero la sabiduría no radica en una profesión, sino en un razonar correcto que se abre a la verdad con humildad. Parece ser que este escritor quiere decir que las relaciones sexuales son naturales, y por tanto inexcusables. Confunde *naturales* con *necesarias*, e ignora que la libertad humana puede elevarse sobre la necesidad. Por lo demás, optar por la continencia no tiene por qué suponer desprecio de la sexualidad.

La confusión de la sexualidad con "actividad sexual" procede de no entender la comunión de personas, y que esta es la matriz de todo lo humano. Puede haber comunión entre padres e hijos, entre hermanos, entre esposos y, sobre todo, entre amigos. Pensar que sin actividad sexual la vida humana es incompleta conlleva no entender la felicidad de Dios, ni la de Cristo, ni la de María; significa no entender que la amistad es la matriz de cualquier amor, que sin amistad no hay amor.

Se empieza por la "necesidad" sexual y se acaba con la "fusión con el todo". Nada más inhumano que esa fusión con lo abstracto. Dios son tres yoes amantes de tres "tú". El hombre necesita amar a personas, ser amado por personas: no fundirse con un todo. En realidad, en estas filosofías desencarnadas subyace una huida de lo imperfecto, de ese eccehomo lacerado. Pero para el que ama, el defecto del amado no es obstáculo para su amor. Estos orientalismos tan de moda huyen a menudo de la materia, y se refugian en espiritualismos desencarnados, maniqueos. Pero Dios se ha hecho carne: la carne no es obstáculo para llegar a Dios, porque ha entrado en el corazón de Dios.

¿Qué más podemos decir sobre el mal? ¿Por qué Dios no evita el mal?

Oigamos a una mujer sabia: Simone Weil:

La existencia del mal en el mundo, lejos de ser una prueba contra la realidad de Dios, es lo que nos la revela en su verdad.

La creación no es un acto de autoexpansión por parte de Dios sino de retirada y de renuncia. Dios con todas las criaturas es menos que Dios solo. Dios ha aceptado esta merma y ha vaciado de sí una parte del ser. Se ha vaciado ya en ese acto de su divinidad; por eso dice san Juan que el Cordero fue degollado desde la fundación del mundo. Dios ha permitido la existencia de cosas distintas a él y que valen infinitamente menos que él. Se negó a sí mismo por el acto creador como Cristo nos ordenó negarnos a nosotros mismos. Dios se negó en nuestro favor para darnos la posibilidad de negarnos por él. Esta respuesta, este eco, que nosotros podemos rechazar, es la única justificación posible a la locura de amor del acto creador. Las religiones que han concebido esa renuncia, ese distanciamiento o desaparición voluntaria de Dios, su ausencia aparente y su presencia secreta aquí abajo, son la religión verdadera, la traducción a lenguajes distintos de la gran Revelación. Las religiones que presentan a la divinidad ejerciendo su dominio allí donde puede hacerlo son falsas. Aun cuando sean monoteístas, son idólatras.

De ahí que "la eliminación del mal a toda costa", definición de totalitarismo en expresión feliz de Álvaro d`Ors, es contraria a la acción divina y, por tanto, destructiva. Los paraísos terrenales construidos desde el ateísmo son infiernos terrestres.

¿La inteligencia artificial puede suplantar a Dios?

La criatura de una criatura no puede suplantar al creador. La llamada inteligencia artificial, que es más bien un artificio *inteligente,* es expresión de la inteligencia humana, que es un chispazo del entendimiento divino. Es como si se plantea si el universo puede suplantar a Dios. ¿Cómo la obra puede sustituir al artífice? En cualquier caso, hay una diferencia esencial y no solo de grado entre la persona humana y una computadora. La persona humana es corporal, racional y libre, llamada a amar y a ser amada, no es una máquina. La inteligencia artificial puede resolver muchos problemas, ayudarnos a vivir mejor, o destruirnos, si se emplea para el mal. Pero el hombre no es, ante todo, un ser con problemas por resolver, sino un ser en busca de sentido, convocado a amar y a ser amado. Estar bien es conveniente; ser bueno es lo esencial. Y no se es bueno por la interactuación con la máquina, sino por una decisión del corazón que elige el bien y desecha el mal. Por lo demás, no nos hace humanos solo la capacidad cognitiva. Un campeón del mundo de ajedrez puede perder una partida con una máquina. Pero el campeón ha sido creado por amor y para amar; la máquina no. El campeón está llamado a integrarse en la comunión de personas trinitaria por toda la eternidad; la máquina no. El campeón es corporal, con un cuerpo a imagen de Cristo; la máquina no. Pensar que el summum humano es la infinitud intelectiva es una visión parcial, reductiva, sin alma.

¿Por qué esta eclosión de la inteligencia artificial?

El hombre "emancipado" posee un incontenido afán de novedades. El hombre sensato posee un afán de verdades o, más bien, de verdad, bien y belleza. La obsesión por las novedades es connatural a la obsesión por viajar. Pero, como escribió Quevedo: "nunca mejora su estado quien muda solamente de lugar, y no de vida y costumbres". Sobre el afán de novedades me parece interesante lo que escribió Ortega y Gasset en *El espectador:*.

¡Poetas, pensadores, políticos,

los que aspiráis a la originalidad y a mundos siempre nuevos! No pretendáis crear las cosas, porque esto sería una objeción contra vuestra obra. Una cosa creada no puede menos de ser una ficción. Las cosas no se crean, se inventan en la buena acepción vieja de la palabra: se hallan. Y las cosas nuevas, las minas aún no denunciadas, se encuentran no más allá, sino más acá de lo ya conocido y consagrado, más cerca de vuestra intimidad y domesticidad, en torno de vuestras entrañas, llenando en inmenso filón las horas más humildes de vuestra vida. No insistáis sobre lo que ya triunfa santificado; esforzaos, por el contrario, en hacer arte con lo que, dado que sea percibido, parece anti-artístico; en hacer ciencia sobre lo que la ciencia de hoy ignora, y política con los intereses que hoy se antojan antipolíticos. Eso mismo han hecho cuantos alguna vez hicieron verdaderamente arte y ciencia y política[30].

¿La inteligencia artificial ahorra pensar?

Dejar de pensar es dejar de ser hombre. Conocer, además, implica amar: "No se conoce sino lo que se ama, y cuanto más profundo y cabal quiera ser el conocimiento, más fuerte, vigoroso y vivo debe ser el amor,

---

[30].- J. Ortega y Gasset: *Obras completas II (1916-1934)*. *El espectador*. Madrid, Revista de Occidente, 1963, p. 28.

incluso la pasión"[31]. Conocer es más que informarse. El conocimiento es lo que destila el paso del tiempo de la memoria. La sabiduría se transmite por el oído, o por su sucedáneo: la lectura. Sin memoria no hay sabiduría: "La atrofia de la memoria es el rasgo dominante de la educación y la cultura de la [segunda] mitad y de las postrimerías del siglo XX"», escribió George Steiner[32]. Hay mucha información. Muy poco conocimiento.

Algo significativo, escribe Costica Bradatan[33], es que nos encon-

---

[31].- Palabras que Max Scheler atribuye a Goethe en Max Scheler, *Amor y conocimiento y otros escritos*, ed. y trad. Sergio Sánchez Migallón, Madrid, Palabra, 2010, p. 11.

[32].- George Steiner: *Pasión intacta*. Madrid, Siruela, p. 38.

[33].- Costica Bradatan: *Elogio del fracaso. Cuatro lecciones de humildad*. Barcelona, Anagrama, 2025.

tramos más indefensos que antes de utilizar máquinas. No es solo que, por ceder ante ellas, hayamos dejado de cultivar habilidades importantes, perdido parte de nuestra agudeza mental u olvidado cómo utilizar herramientas más sencillas pero más exigentes.

Nuestra fuerte supeditación a la automatización y la inteligencia artificial no solo nos hace depender de un modo creciente de cosas sobre las que tenemos poco control: es que nos vuelve cada vez más idiotas. Rodeados de objetos que se gobiernan solos, es poco lo que nos incita a pensar.

Adiestrada, alimentada y cuidada de manera creciente por algoritmos, nuestra mente está desempleada en gran medida. Y cuando no hay costumbre de pensar, se atrofia y muere. […] Desde luego, la ironía última es que, cuando una herramienta se automatiza por completo, se trata de una hazaña de la ingeniería y una prueba de la inteligencia humana. Cuando un ser humano se automatiza, es la encarnación de la estupidez. La inteligencia artificial trae el embrutecimiento definitivo.

La inteligencia artificial puede ayudarnos a dominar el mundo, a resolver infinitos problemas.

Sí, pero el hombre precisa también de salvación, de redención, de restauración de su quiebra moral. La técnica no puede resolver un problema moral. Cuando Dios desaparece del horizonte, el hombre pretende salvarse a sí mismo, sea con la política, sea con la ciencia, sea con la técnica, sea con la multiplicación de placeres… El caso de la política es muy claro. El Dios salvador es sustituido por la política salvadora, por el dios Estado. La política reemplaza a la religión, y el partido, a la iglesia. Y como según el adagio antiguo "fuera de la iglesia no hay salvación", fuera del partido no se concibe la existencia, y el jefe de filas se sublima, y es seguido como una divinidad. Sean monstruos como Hitler o Stalin o sean villanos mafiosos, —como muchos políticos— son obedecidos religiosamente, porque el partido y su ideología se han convertido en religiones de sustitución.

Dado que lo que distingue a las religiones maduras es su inagotable capacidad para aportar significado a la vida de las personas, siempre ha sido tentador para la política robar a la esfera religiosa todo lo que se pueda: rituales, símbolos, imágenes, lenguaje. Al adoptar funciones hermenéuticas de la religión, el poder político espera consolidar su prestigio, su autoridad y su control. Cuando, como ocurre en Occidente en los últimos tiempos, lo religioso empieza a perder relevancia, la política no vacila en tomar cartas en el asunto y presentarse como fuente importante de sentido para la vida de las personas. La política se convierte entonces en una forma de religión, la «religión política», como se la ha llamado. Lo cual anuncia serios problemas. Con Dios en la sombra, la gente acudirá en masa al político carismático que le dé aunque sea la ilusión de un sentido. Le aceptará cualquier cosa, incluso las majaderías más increíbles, y lo creerá un salvador.[34]

Emilio Gentile define con lucidez la religión política:

La religión política es la sacralización de un sistema político fundado en un indiscutible monopolio del poder, el monismo ideológico y la subordinación obligatoria e incondicional del individuo y la colectividad a su decálogo. En consecuencia, una religión política es intolerante, invasiva y fundamentalista, y aspira a entrar en todos los as-

[34].- Costica Bradatan: *Elogio del fracaso. Cuatro lecciones de humildad.* Barcelona, Anagrama, 2025.

pectos de la vida del individuo y de la vida colectiva de la sociedad.[35]

El ansia humana por saber no se satisface con una infinitud de datos. Eso es información, no conocimiento, y menos, sabiduría. El hombre es un ser en busca de sentido, por lo que la calidad de lo que conoce supera a la cantidad.

Las gentes frívolas piensan que el progreso humano consiste en un aumento cuantitativo de las cosas y de las ideas. No, no; el progreso verdadero es la creciente intensidad con que percibimos media docena de misterios cardinales que en la

[35].- Emilio Gentile, *Politics as Religión,* Princeton University Press, Princeton (Nueva Jersey), 2001, trad. de George Staunton, p. xv.

penumbra de la historia laten convulsos como perennes corazones. Cada siglo, al llegar, trae apercibida una sensibilidad peculiar para algunos de estos grandes problemas, dejando a los otros como olvidados o acercándose a ellos toscamente.[36]

¿Hay relación entre "la muerte del Padre" y la increencia en Dios?

Completa. Hay una gran crisis de autoridad que conduce a menospreciar cuando no a fustigar toda tarea de gobierno, sea de los padres, los profesores, los obispos... Curiosamente, de los elegidos democráticamente no, porque poseen "la autoridad de las urnas". Pero la autoridad

---

[36].- Ortega y Gasset: *Obras completas II (1916-1934). El espectador.* Madrid, Revista de Occidente, 1963, p. 50.

procede de la sabiduría y de la honestidad, no de las urnas. También Hitler ganó en las urnas. Y sin llegar a tal extremo, muchos políticos mediocres, y lo que es peor, deshonestos, han sido elegidos por las urnas.

La cuestión es que la autoridad es lo que legitima el poder. Destruida la autoridad, el poder se reduce a violencia legal, a burocracia infinita, a totalitarismo de facto. Cuando no prima la fuerza de la razón (autoridad), se impone la razón de la fuerza (poder). ¿Y qué tiene que ver esto con Dios? Todo. Porque Dios es la Autoridad, es decir, aun siendo omnipotente y sosteniendo con su poder la existencia de todo, no impone su poder (lo cual es una de las principales pruebas de su divinidad) sino que fomenta que los seres racionales creamos, esperemos y amemos en libertad. Autoridad viene de autor, y autor del verbo latino augeo: aumentar. La autoridad propicia el aumento, el crecimiento, el enriquecimiento de nuestro ser. La autoridad no precisa de medios coercitivos. ¿Qué capacidad de coerción tienen unos padres ancianos? Y en cambio son autoridad —y aun la mayor— para sus hijos. No solo hay crisis de autoridad porque a menudo se ejercite mal, sino porque ideologías poderosas reducen la autoridad a poder. En esa reducción Dios es expulsado, porque Dios es la Autoridad que limita su omnipotencia por amor y respeto a sus criaturas. ¿Crisis de liderazgo? Obviamente. Porque lo que se exalta es el colectivo estatal-burocrático-democrático, es decir, la pura abstracción. Y el liderazgo es personal, la autoridad es personal. Solo las personas dispuestas a "perder la vida" por sus conciudadanos pueden llegar a ser líderes. Las personas cuya aspiración existencial sea mantenerse "en un perfil bajo" nunca pasarán de mediocres, más allá de los títulos académicos que coleccionen. En una sociedad gregaria, burocratizada y estatalista, Dios no tiene cabida.

La inquina contra la autoridad procede de pensar que merma la libertad: el becerro de oro de la modernidad, pero "la tensión entre libertad y autoridad es de tal índole, que una sin la otra se perderían: la libertad acabaría en caos y la autoridad en despotismo"[37].

---

[37].- Karl Jaspers: *Ambiente espiritual de nuestro tiempo.* Barcelona, Labor, 1933, p. 179.

Es importante subrayar que la falta de autoridad no provoca un vacío de poder. Antes bien, invita a que ocupen el poder aventureros: estudiantes díscolos, saqueadores del erario público, demagogos, mediocres...

Pero, ¿Dios y la religión no son cosas del pasado?

También el agua y el aire son cosas del pasado, pero sin ellas no viviríamos. La inquina contra el pasado es un invento contemporáneo que expresa una filosofía adolescente, que rompe con los padres para ser "ella misma". Pero la dicotomía tradición / progreso es una falacia, pues no hay tradición sin progreso ni progreso sin tradición. Sobre esta cancelación, hoy en boga, algunos maestros arrojan abundante luz:

George Steiner escribió: "Una cultura "viva" es aquella que se alimenta continuamente de las grandes e indispensables obras del pasado, de las verdades y bellezas alcanzadas en la tradición"[38], y Tocqueville: "Toda vez que el pasado dejó de arrojar su luz sobre el futuro, la mente del hombre vaga en la oscuridad"[39]. Según Hannah Arendt, "la memoria y la profundidad son lo mismo, o mejor aún, el hombre no puede lograr la profundidad si no es a través del recuerdo"[40]. Y finalmente, Ortega: "Olvidar el pasado, volverle la espalda, produce el efecto a

---

[38].- George Steiner: *En el castillo de Barba Azul.* Barcelona, Gedisa, 1991, p. 117.

[39].- Citado en Hannah Arendt: *Entre el pasado y el futuro. Ocho ejercicios sobre la reflexión política.* Barcelona, Península, 1996, pp. 12-13.

[40].- Hannah Arendt: *Entre el pasado y el futuro. Ocho ejercicios sobre la reflexión política.* Barcelona, Península, 1996, p.104.

que hoy asistimos: la rebarbarización del hombre."[41]

La ciencia se presenta como un gran muro delante de Dios.

"La ciencia es un esfuerzo para captar el orden del universo. De modo que constituye un contacto del pensamiento humano con la sabiduría eterna. Es algo parecido a un sacramento[42]". La ciencia —las ciencias— no son un obstáculo entre Dios y el hombre, sino un camino que conduce a Él.

***

Querido Miguel: el hombre

---

[41].- José Ortega y Gasset: *Ideas y creencias y otros ensayos.* Madrid, Alianza Editorial, 2019.

[42].- Simone Weil: *Sobre la belleza.* Barcelona, Plataforma Testimonio, 2024, p. 33.

actual navega entre medias verdades y falsedades completas servidas por unos medios que rebajan el conocimiento a información. Atiborrados de titulares —fragmentarios, reduccionistas, inmediatos— nos creemos sabios. Por eso, parafraseando al filósofo Jean Guitton, podríamos decir que un poco de cultura aparta de Dios, y mucha cultura acerca a Dios. El voyerismo cultural sea el turístico, sea el de coleccionista de conferencias, sea el del navegante —más bien náufrago— de internet ofrece una pátina de cultura, un espejismo de saber —basta escuchar las típicas preguntas de público de conferencia para advertirlo—.

El saber está en los libros, en el estudio, en la atención que tanto ponderaba Simone Weil, en la escucha

de los pocos sabios que en el mundo
han sido y son.

**Caro amigo. No sé si comparto
todas tus afirmaciones, pero algo
me queda claro: lo importante es
invisible a los ojos. Y las ideas de
moda suelen ser más moda que
ideas.**